《专利检索与专利改进》编写组

专利检索与专利改进

苏州大学出版社

打开宝库
知彼知己
运用文献
百创万新

江苏发明协会
高怀龙
二〇〇九年夏

序

马 斌

创新是民族进步的灵魂。呼唤创新、鼓励创新、追求创新，正成为中华大地最炫亮的时代精神。

建设创新型国家需要全民创新，创新教育是全民创新的基础。美国早在1941年就开设了创新性思考夜校，日本每年进入各类创造发明学校学习的达50多万人。2006年，江苏职教提出创新型学校建设，并以江苏省职业教育创新大赛作为平台和抓手，弘扬创新精神，彰显职教个性，促进学生发展，服务经济社会。

创新教育的关键在于培养学生主动的创新意识、积极的创新思维、科学的创新方法。苏州工业园区工业技术学校通过发明创新教育与实践，总结经验，加强研究，编写了基础性读物“赢在‘三创’”系列教材之一的《专利检索与改进》。该书以图说的形式，阐明了创新知识、步骤、方法等方面的内容，不仅可以作为师生开展创造发明的重要参考，也可以作为广大发明创造爱好者的辅导读本。

让职教人人主动创新，让创新成为一种发展方式，让创新赢取人生和事业发展的未来，这就是我们的理想和追求。希望学校“三创”教育形成特色，生成品牌，做成示范。更希望职业院校广大学生学会发明，学会创新，努力成为具有创新精神和实践能力的创造型技术人才。

（作者系江苏省教育厅职业与社会教育处处长）

前　言

提高自主创新能力、建设创新型国家是国家发展战略的核心，是提高综合国力的关键。创新的主体是企业，作为直接为企业培养新生力量的职业教育，更应积极开展创新教育和训练，围绕生产的、生活的、身边的技术，进行技术产品改造、制作和创新，培养师生的创新意识、创新思维、创新方法，形成创新本领和创新习惯。

因此，职业教育突出创新要求，是培养符合社会需要、具有“三创”精神的时代新人的迫切需要；是培养高素质劳动者和技能型人才的迫切需要；是职业教育自身可持续发展的迫切需要。

为了更好地开展创新教育和创新活动，有针对性地提高学生的发明创造水平，由苏州工业园区工业技术学校王乃国、章亦华、吕中起、沈红雷、易田慧、周利华等六人组成的编写组，认真总结职业学校创新教育的经验，编写了通用技能课程中“赢在三创”创新教育读本《专利检索与专利改进》。读本以图说的方式编写和呈现，力求体现出时代性、趣味性、实用性和创新性，为学生打开一扇创新发明的兴趣大门，推动师生发现、发明和创新，促进职业学校创新特色教育的蓬勃开展，进一步推进创新型学校的建设。

在编写过程中，我们得到了中国发明协会会员、江苏省发明协会理事、全国优秀科技辅导员、全国发明伯乐奖获得者张家生老师的全力帮助和无私支持，同时还得到了江苏省教育厅职业与社会教育处处长马斌的精心指导，在此一并表示衷心感谢！

限于编者的水平和经验，读本中难免有错误和不妥之处，恳请广大读者批评指正。

苏州工业园区工业技术学校
《专利检索与专利改进》编写组
2009 年 7 月

目　录

一、创新发明的意义

创新发明是我国企业参与国际竞争的需要，也是建立创新型国家的需要，而专利检索是寻找发明课题、验证课题新颖性的有效途径。

创新不仅可以创造财富，增强竞争力，还可以赢得中国企业和中国人民的尊严。

2006-2020
国家中长期科学和技术发展规划纲要

☆ 要进入创新型国家行列

☆ 要在科技方面居世界前列

☆ 要成为世界五大专利国之一

开展发明创造活动，最大的困难莫过于无课题，一个人的智慧毕竟有限的。

拿来主义是发明创造的法宝。

自主创新、自主研发是我国科学技术奋斗的目标与方向，但发明创造如不借鉴他人的技术，是一种夜郎自大、闭门造车的狂妄表现。

没有拿来，就没有高水平、高质量的发明创造作品。站在别人肩膀上去攀登，具有事半功倍的效果。

空　调

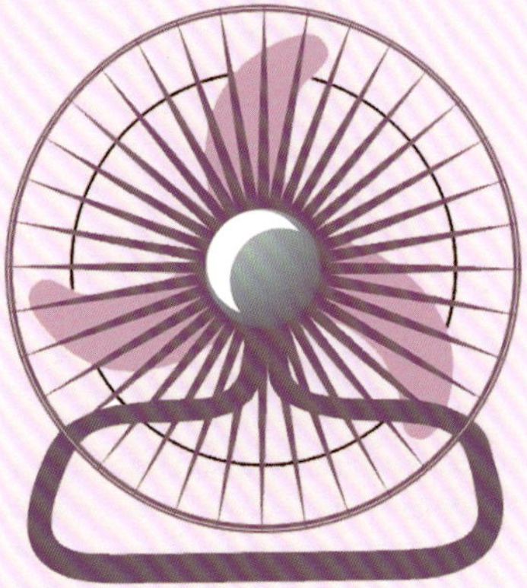

电动机 → 叶片 → 防护罩 → 吊扇、壁扇、落地扇、微型扇、太阳帽扇、旅游扇、USB 风扇 → 定时 → 摇头

360° 摇头 → 模拟自然风 → 冷风扇

空调 → 中央空调

专利检索的目的

1. 寻找课题
2. 课题是否具备新颖性

为克服我们视野狭窄之不足,使发明创造作品具有一定的技术含量，应充分利用网络信息，从已有的专利项目中寻找适合于自己的课题,进行分析研究,找出不足之处,并加以改进,使之成为具有“三性”的创新项目。

对自己已确定的项目，在未设计与制作前,应先进行检索,这样既可避免重复劳动,又可借鉴已有专利加以完善。

利用USB接口的专利239项

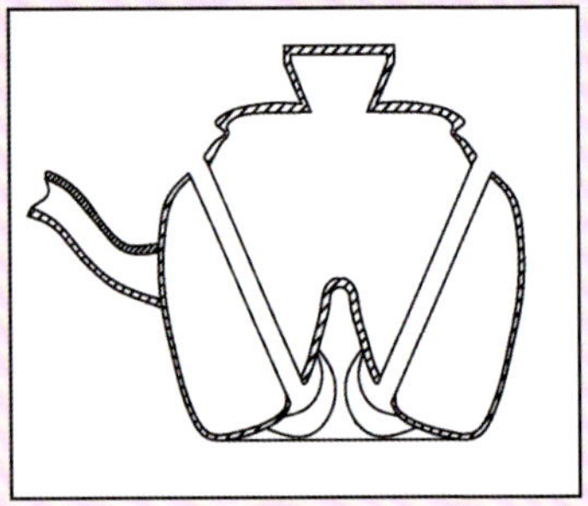

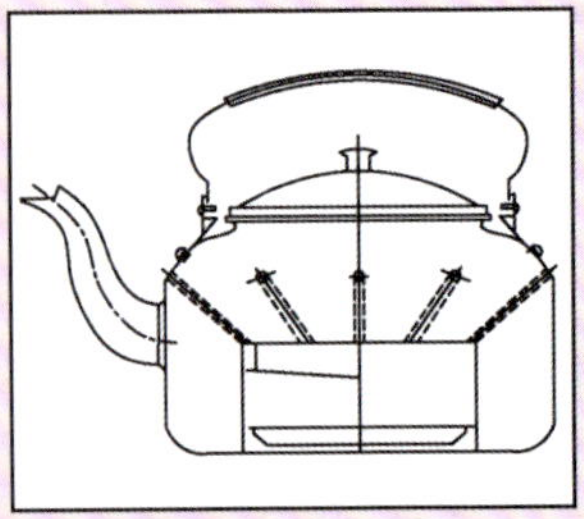

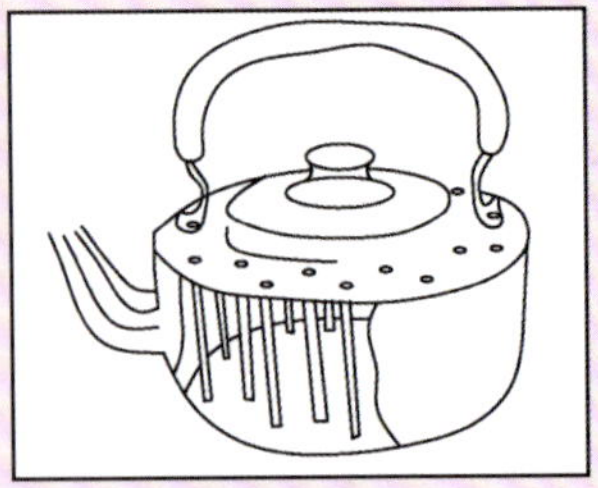

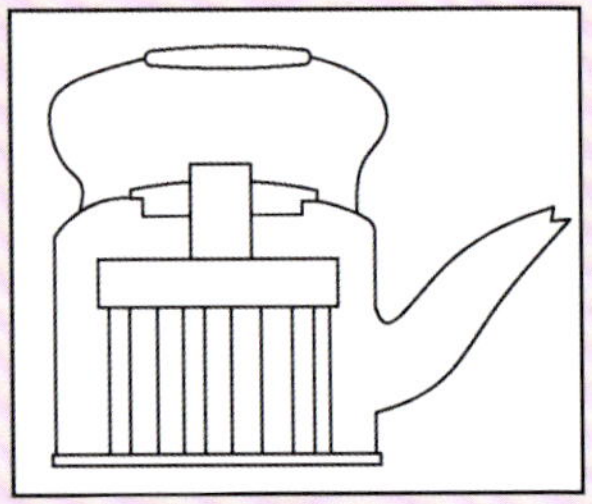

你看，节能水壶，已有
359件申请专利。

可沥水的垃圾桶
也有专利。

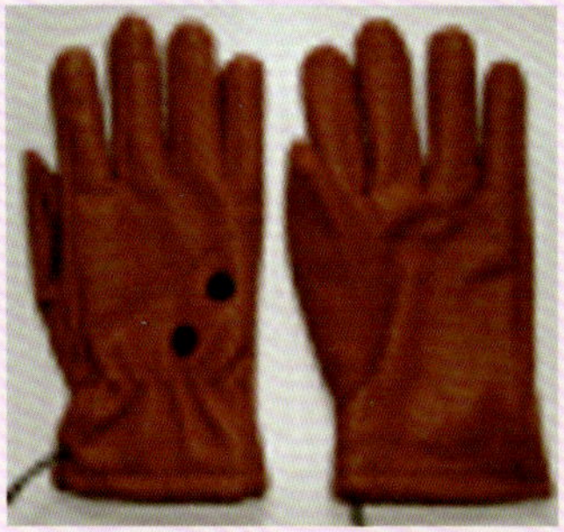

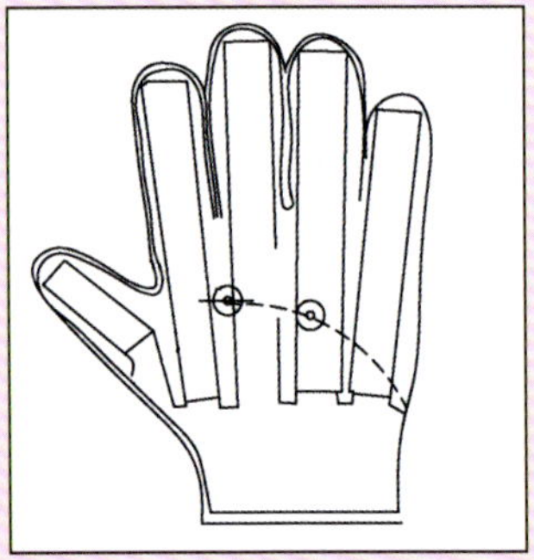

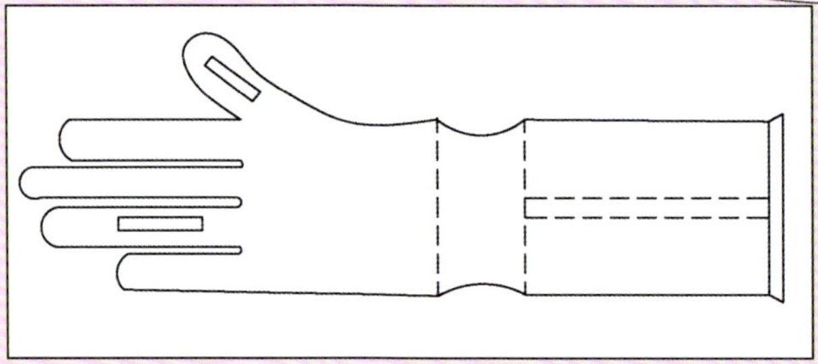

摩托车、电动车、电热手套、不但有专利，而且有产品出现了。

带洒水功能的扫把专利

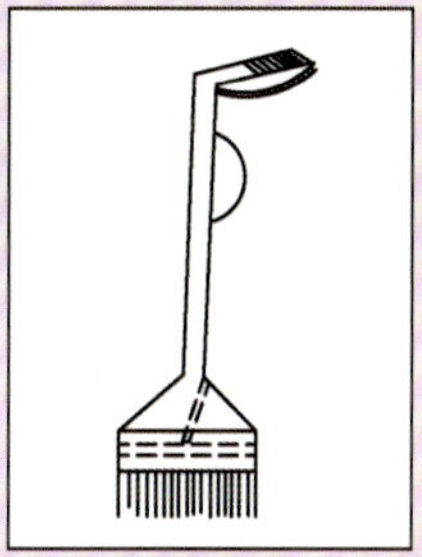

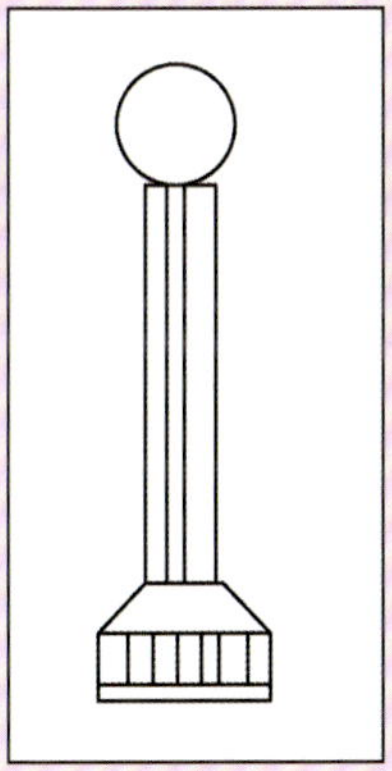

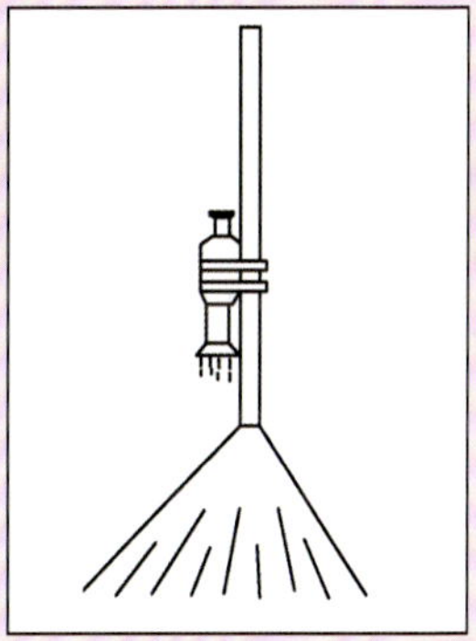

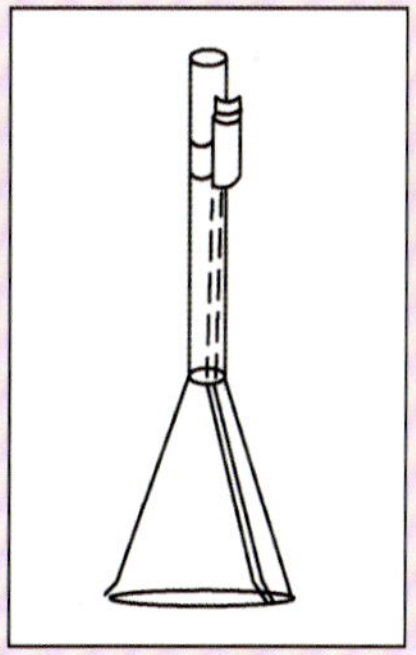

二、知识产权知识

本章介绍了专利分类、专利申请号含义、专利申请程序以及专利权保护方法等。

1. 发明专利
2. 实用新型专利
3. 外观设计专利

发明：是指对产品、方法或者其改进所提出的新的技术方案。

实用新型：是指对产品的形状、构造或者其结合所提出的适于实用的新的技术方案。

外观设计：是指对产品的形状、图案或者其结合以及色彩与形状、图案的结合所作出的富有美感并适于工业应用的新设计。也就是指形状、图案、色彩或者其结合的设计，必须是对产品的外表所作的设计，必须富有美感，必须适于工业上的应用。

100088
北京市
海淀区西土城路6号
国家知识产权局
专利受理处　　收

210008
南京市
中山北路49号
南京专利代办处 收

送或用挂号信寄

专利申请受理流程图

申请人 / 委托代理机构

↓

应递交以下规范性申请文件:

发明和实用新型专利申请

1. 请求书
2. 权利要求书
3. 说明书
4. 说明书附图(发明非必要)
5. 说明书摘要(要后补)

外观设计专利申请:

1. 请求书
2. 外观设计图片或照片
3. 外观设计简要说明(非必要)

↓

当面提交或邮寄提交

↓

国家知识产权专利局南京代办处 / 国家知识产权专利局受理处

↓

不符合条件 → 退回

符合条件 → 确定申请日,输出申请号,发出受理通知书

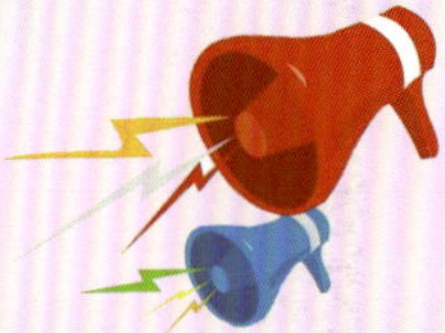

发明和实用新型应提交**技术方案结构图**和**文字说明**

要求保护的技术方案；实用新型所要解决的技术问题以及解决其技术问题采用的技术方案，并对照现有技术写明实用新型的有益效果；实用新型具体实施方式技术方案的结构图，如装配图、结构图、电路图等。

外观设计应提交产品的**六面视图**或**六面照片**

包括主视图，后视图、左视图、右视图、俯视图、仰视图，有必要的可以提交立体图。

发明专利权的期限为20年，
实用新型和外观设计专利权的期限为10年，
均自申请日起计算。专利权期满，专利权即行终止，
专利权期限届满后不能再延长。

发明和实用新型专利权被授予后，除专利法另有规定的以外，任何单位或者个人未经专利权人许可，都不得实施其专利，即不得为生产经营目的制造、使用、许诺销售、销售、进口其专利产品，或者使用其专利方法以及使用、许诺销售、销售、进口依照该专利方法直接获得的产品。

前二位为年份
第三位: “1”为发明专利
“2” 为实用新型专利
“3” 为外观设计专利
前四位为年份
第五位: “1”为发明专利
“2”为实用新型专利
“3”为外观设计专利
小数点后面为校验位

90100054.5
90100054.5
02200467.X
03386541.1
200415678905.7
200415678905.7
200622323776.9
200734567889.3

“8”表示进入中国国家阶段 PCT 的发明专利；
“9”表示进入中国国家阶段 PCT 的实用新型专利。
为什么专利申请号第三位或第五位有“8”和“9”？

三、专利检索资源

本章介绍了SOOPAT专利检索网、国家知识产权局网等国内外常用的专利检索网站。

soopat专利检索网

www.soopat.com

国家知识产权局网

www.sipo.gov.cn

中国专利文献网上检索系统：http://www.cnipr.com

中国专利信息网：http://www.patent.com.cn

美国专利局网站：http://www.uspto.gov

IBM专利网站：http://www.delphion.com

欧洲专利局信息网站：http://ep.espacenet.com

四、专利检索步骤

本章以 SOOPAT 专利检索网、国家知识产权网作为检索资源，用模糊检索、逻辑检索和 IPC 检索等方法介绍了专利检索的基本步骤。

已知条件的简单检索

这是国家产权局网站首页。
SIPO
中华人民共和国国家知识产权局
62356655
输入内容
选择内容
对于专利我们怎么检查呢？

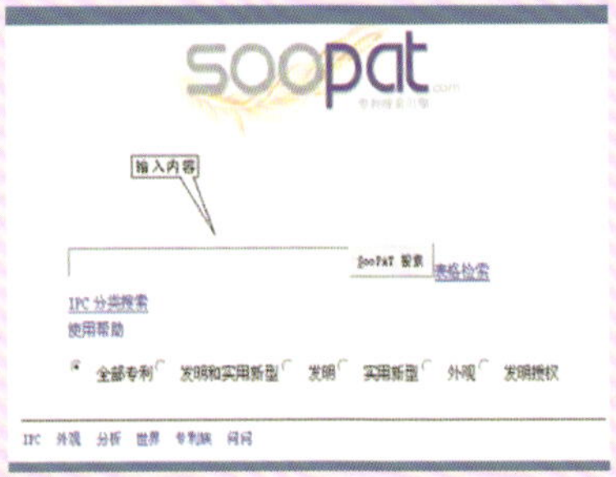

已知:专利号、申请人姓名、发明人姓名的其中一项,可在国家知识产权局网或 soopat 网输入相关内容,进行检索。

如输入专利号

200415678905.7　　02200467.X

不要将小数点及其后面的数字或字母输入

不知条件的检索又是怎样的呢？
看这张表格！
国家知识产权局
专利检索
高 级
浏览器下载
选 择
全部专利
发明专利
实用新型
外观设计
填 写
发明名称
摘 要
AND、OR、NOT
点 击
检 索

在国家知识产权局网首页右侧点击“高级检索”，进入下一页。

政府信息公开
相关法规 公开指南
公开目录 依申请公开
监督投诉 公开信箱
政府信息公开工作年度报告
办事区
专利申请
表格下载
专利代办处
网上信访
互动区
在线访谈 咨询台
调查问卷 图文直播
视频点播 新闻发言人信箱
专题专栏 更多>>
专利法及其实施细则第三次修改
实施知识产权战略 建设创新
田力普做客中国政府网
就实施知识产权战略与网友在线交流
更多图片新闻>>>
田力普出席中国知识产权高层论坛开幕式并致辞
高校专利信息服务平台系统“4·26”前开通
知识产权局公布08年专利审查质量满意度调查结果
《济南市知识产权战略纲要》颁布实施
田力普做客中国政府网就实施知识产权战略与…
中国加入国际植物新品种保护联盟十周年大会…
三部门联合表彰全国植物新品种保护先进集体…
2009 知识产权宣传周
申请 前
审查 中
授权 后
媒体聚焦 更多
专利 商标 版权 其它
动态信息
国内 国外
高级检索
搜索 高级搜索
其他检索
政务公示 更多
公告 专利公报 集成电路公告
政策解读 更多
《国家知识产权局2009年工作要点》解读

□ 发明专利 □ 实用新型专利 □外观设计专利

□ 发明专利 □ 实用新型专利 □ 外观设计专利

申请（专利）号：		名　称：	
摘　要：		申请日：	
公开（公告）日：		公开（公告）号：	
分类号：		主分类号：	
申请（专利权）人：		发明（设计）人：	
地　址：		国际公布：	
颁证日：		专利代理机构：	
代理人：		优先权：	

□ 发明专利 ☑ 实用新型专利 □ 外观设计专利

申请（专利）号：		名　称：	
摘　要：		申请日：	
公开（公告）日：		公开（公告）号：	
分类号：		主分类号：	
申请（专利权）人：		发明（设计）人：	
地　址：		国际公布：	
颁证日：		专利代理机构：	
代理人：		优先权：	

三种检索方法

模糊的高级检索

逻辑检索

IPC分类检索

模糊的高级检索

专利名称模糊检索

专利号模糊检索

专利申请日模糊检索

专利申请地址模糊检索

专利名称模糊检索：模糊检索时应尽量选用关键字，以免检索出过多无关文献。模糊部分位于字符串中间时应使用模糊字符“?”或“%”，位于字符串起首或末尾时模糊字符可省略。字段内各检索词之间可进行 and、or、not 的逻辑运算。

例如，寻找“话筒”课题，可在“名称”栏中输入“话筒”，点击“检索”，即可出现 324 项实用新型专利。

消毒　话筒

□发明专利	●实用新型专利	□外观设计专利	
		名　称：	话筒
摘　要：	消毒	申请日：	
公开(公告)日：		公开(公告)号：	
分类号：		主分类号：	
申请(专利权)人：		发明(设计)人：	
地　址：		国际公布：	
颁证日：		专利代理机构：	
代理人：		优先权：	

1	02292103.6	话筒专用紫外线消毒杀菌仪
2	94235591.1	一次性话筒卫生罩
3	94204973.X	能自动对话筒紫外线消毒灭菌的电话
4	94203572.0	一种电话话筒消毒杀菌器
5	87210693.4	香味消毒话筒罩
6	91215394.6	电声听筒话筒卫生贴片
7	92224849.4	移动消毒话筒
8	91228619.9	电话筒消毒装置
9	92235395.6	用于电话机话筒的灭菌装置
10	93210128.3	一次性使用话筒卫生罩
11	93224528.5	话筒消毒器
12	93220674.3	话筒消毒网
13	93224954.X	话筒消毒罩
14	93244592.6	卡拉OK话筒消毒座
15	93224540.4	全自动话筒消毒电话机
16	93234202.7	一种麦克风话筒消毒灭菌装置
17	95216455.8	话筒快速消毒装置
18	95225851.X	电话机送话筒消毒器
19	96239573.0	话筒高效消毒保护器
20	95227562.7	话筒消毒箱

例如，寻找“锁”课题，

可在“名称”栏中

输入“锁”，

点击“检索”，

即可出现 25802 项实用新型专利

例如，在“摘要”栏中，
再输入“汽车”，
检索出的内容就缩小至 1416 项。

将“摘要”栏中的输入改为“车箱”检索出内容为 37 项。

1	02209995.6	一种有杠杆式锁止装置的自卸汽车车箱
2	02222824.1	铁路货车车辆用调码式密码锁
3	02273819.3	车箱锁扣总成
4	02238465.0	车钩锁定器
5	87201748	集装箱双芯施封锁
6	87208111	货车箱板关闭后锁紧装置
7	88216721.9	施封锁
8	88205966.1	保险变码锁
9	89204911.1	钢球式硬施封锁
10	89212930.1	徒手驱动施封锁
11	92239139.4	双钥双保险门锁
12	93235808.X	侧卸自卸车的自动开锁机构
13	93210276.X	锁紧式机动车车箱挂钩装置
14	92234097.8	用于除尘器锁灰、出灰、运灰组合装置
15	95244013.X	一种汽车锁具的联锁装置
16	95237599.0	铁路货车箱防盗保险锁
17	95242125.9	一次性螺扣防盗锁
18	95233080.6	矿车联接销防脱钩自锁装置
19	97205485.5	一次性倒钩防盗锁
20	99210059.3	一种手柄开拔式锁门装置

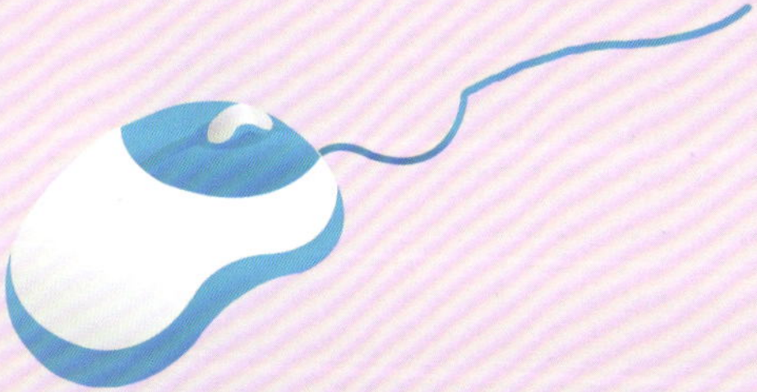

门、窗、锁

□ 发明专利　■ 实用新型专利　□ 外观设计专利

申请(专利)号：		名　　称：	门 窗 锁
摘　　要：		申　请　日：	
公开(公告)日：		公开(公告)号：	
分　类　号：		主 分 类 号：	
申请(专利权)人：		发明(设计)人：	
地　　址：		国 际 公 布：	
颁　证　日：		专利 代理 机构：	
代　理　人：		优　先　权：	

1	02289951.0	推拉门窗锁具
2	02211440.8	按钮式门窗锁
3	94214935.1	一种推拉门窗锁
4	94231412.3	铝合金推拉门窗锁
5	93218155.4	推拉门窗锁安装固定件
6	93235737.7	推拉门窗锁的固定座
7	95209438.X	推拉门窗锁的固定脚
8	95210307.9	推拉门窗锁的固定机构
9	95216885.5	门窗锁装置
10	95221410.5	推拉门窗锁
11	95234807.1	推拉门窗锁具
12	95218589.X	推拉式门窗锁
13	95224284.2	带钥匙的推拉门窗锁
14	95242173.9	闩式门窗锁定装置
15	96237446.6	铝合金门窗锁

专利号模糊检索：模糊部分位于申请号（或专利号）起首或中间时应使用模糊字符“?”或“%”，位于申请号（或专利号）末尾时模糊字符可省略。

1. 已知申请号前五位为99120，可键入“99120%”。
2. 已知申请号中间几位为2033，可键入“ %2033%”。
3. 已知申请号中包含91和33，且91在33之前，可键入“%91%33”。

专利申请日模糊检索：申请日由年、月、日三部分组成，各部分之间用圆点隔开；“年”为 4 位数字，“月” 和“日”为 1 位或 2 位数字。

1. 已知申请日为 1999 年 10 月 5 日，可键入“1999.10.5”。
2. 已知申请日在 1999 年 10 月，可键入“1999.10”。
3. 已知申请日在 1999 年，可键入“1999”。
4. 如需检索申请日为 1998 到 1999 年之间的专利，可键入“1998 to 1999”。

专利申请地址模糊检索：模糊部分位于字符串中间时应使用模糊字符“?”或“%”，位于字符串起首或末尾时模糊字符可省略。

1. 已知申请人地址为香港新界，键入“香港新界”。
2. 已知申请人地址邮编为 100088，应键入“100088”。
3. 已知申请人地址邮编为 300457，地址为某市泰华路 12 号，键入“300457%泰华路 12 号”（注意邮编在前）。
4. 已知申请人地址为陕西省某县城关镇某街 72 号，键入“陕西省%城关镇%72 号”；也可键入“陕西省%72 号”、“城关镇%72 号”或“72 号”。

逻辑检索

And　(和)

Not　(除去)

or　(或)

“ * ” 代替 And

“ – ” 代替 Not

“ + ” 代替 or

也可用空格代替 And

三种逻辑关系

逻辑运算符	AND(与)	OR(或)	NOT(非)
检索式	A and B	A or B	A not B
或者写成	A * B	A + B	A – B
命　中	A和 B 都出现的记录	A和 B 有一个或两个出现的记录	只出现 A 而不出现 B 的记录
图　标	图(a)	图(b)	图(c)

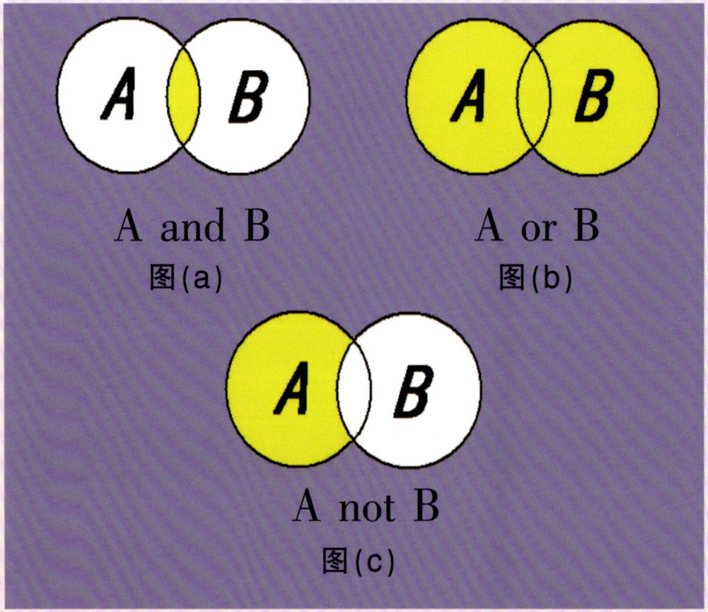

那逻辑检索中有什么要注意的吗?
逻辑检索式中“And”“Not”“or”可混合使用，但前后一定要空一格。“*”“+”“-”可混合使用，前后不要空格。

优点

缩小检索范围
节省目录浏览时间

在“名称”栏中输入“门 and 窗”，在“摘要”栏中输入“旋转”，点击“检索”，即可出现114项实用新型专利。

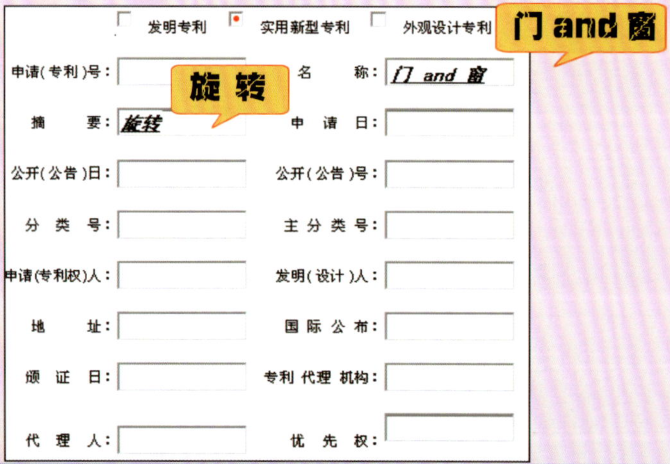

发明专利　实用新型专利　外观设计专利

申请(专利)号：		名　　称：	门 and 窗
摘　　要：	旋转	申　请　日：	
公开(公告)日：		公开(公告)号：	
分　类　号：		主 分 类 号：	
申请(专利权)人：		发明(设计)人：	
地　　址：		国 际 公 布：	
颁　证　日：		专利 代理 机构：	
代　理　人：		优　先　权：	

在“名称”栏中输入“门 or 窗”，在“摘要”栏中输入“**收缩**”，点击“**检索**”，即可出现171项实用新型专利。

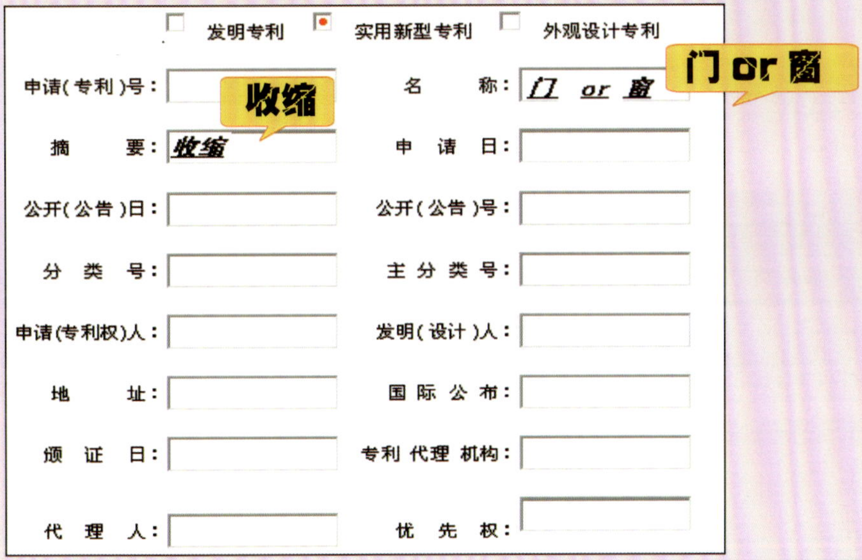

在“名称”栏中输入“门 or 窗 not 帘 not 锁 not 架 not 板”，在“摘要”栏中输入“收缩”，点击“检索”即可出现 158 项实用新型专利。

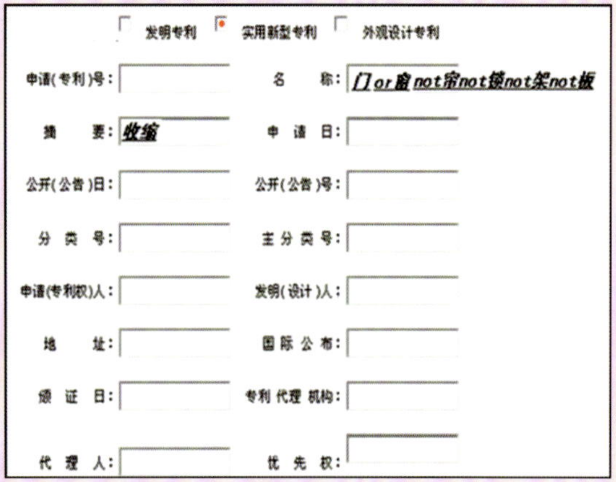

□ 发明专利 ◉ 实用新型专利 □ 外观设计专利

申请(专利)号：		名　　称：	门 or 窗 not 帘 not 锁 not 架 not 板
摘　　要：	收缩	申 请 日：	
公开(公告)日：		公开(公告)号：	
分 类 号：		主 分 类 号：	
申请(专利权)人：		发明(设计)人：	
地　　址：		国 际 公 布：	
颁 证 日：		专利 代理 机构：	
代 理 人：		优 先 权：	

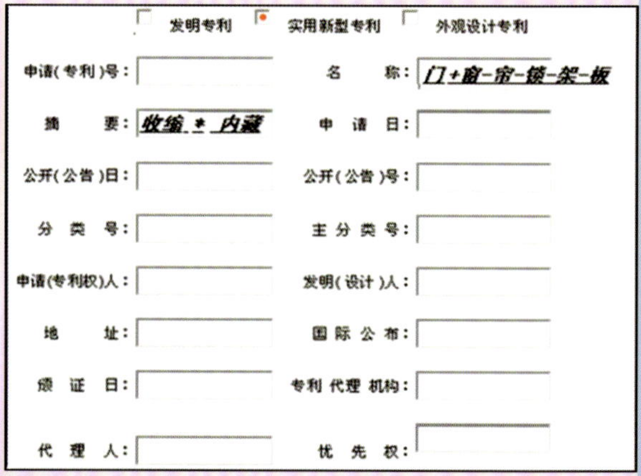

□ 发明专利 ◉ 实用新型专利 □ 外观设计专利

申请(专利)号：		名　　称：	门+窗-帘-锁-架-板
摘　　要：	收缩 * 内藏	申 请 日：	
公开(公告)日：		公开(公告)号：	
分 类 号：		主 分 类 号：	
申请(专利权)人：		发明(设计)人：	
地　　址：		国 际 公 布：	
颁 证 日：		专利 代理 机构：	
代 理 人：		优 先 权：	

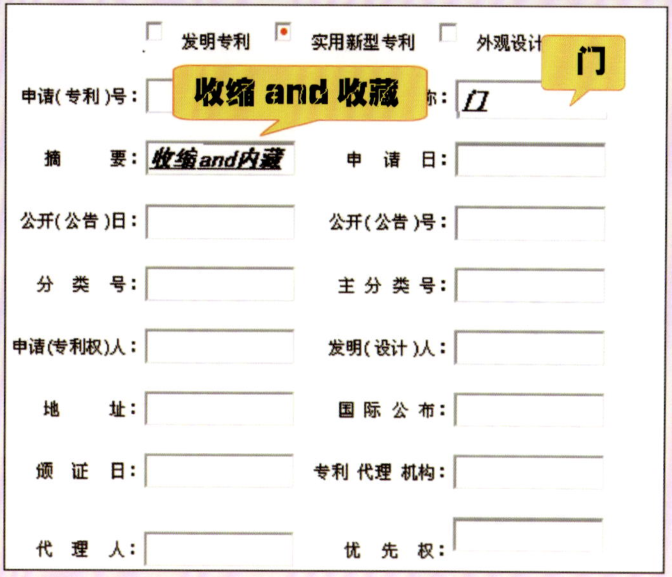

在“名称”栏中输入“门”，在“摘要”栏中输入“收缩 and 内藏”，点击“检索”，有 1 项实用新型专利。

用 **not**(—)去减掉你不想看的锁。
如自行车锁、摩托车锁、汽车锁

1

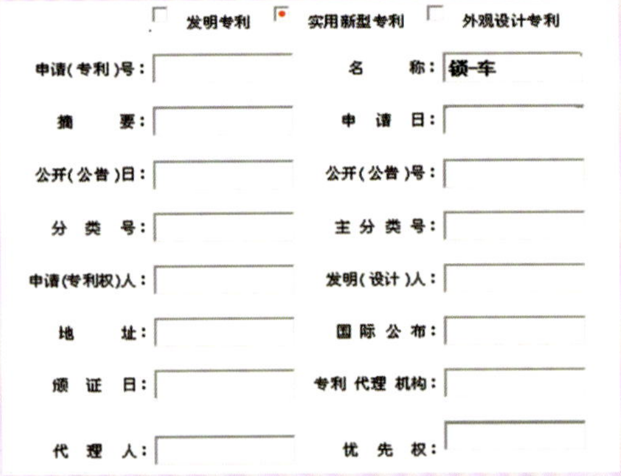
发明专利 实用新型专利 外观设计专利
申请(专利)号： 名 称：锁-车
摘 要： 申 请 日：
公开(公告)日： 公开(公告)号：
分 类 号： 主 分 类 号：
申请(专利权)人： 发明(设计)人：
地 址： 国 际 公 布：
颁 证 日： 专利 代理 机构：
代 理 人： 优 先 权：

减至 3473 条,还太多,怎么办?

2

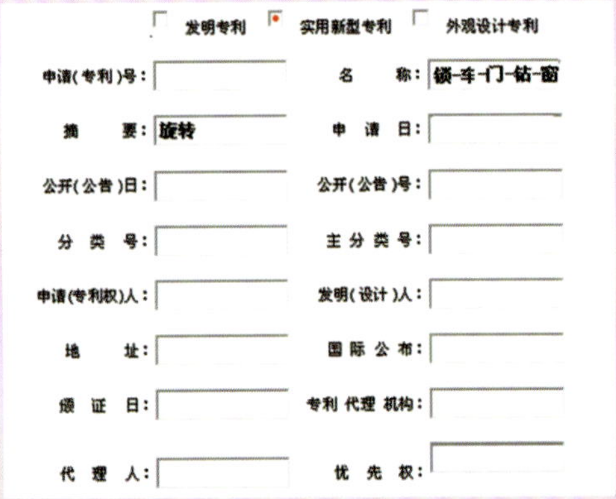
发明专利 实用新型专利 外观设计专利
申请(专利)号： 名 称：锁-车-门-钻-窗
摘 要：旋转 申 请 日：
公开(公告)日： 公开(公告)号：
分 类 号： 主 分 类 号：
申请(专利权)人： 发明(设计)人：
地 址： 国 际 公 布：
颁 证 日： 专利 代理 机构：
代 理 人： 优 先 权：

减少到 2867 条,还有其他办法减少吗? 可利用“摘要”栏,输入限定的词。如在“摘要”栏输入“旋转”

3

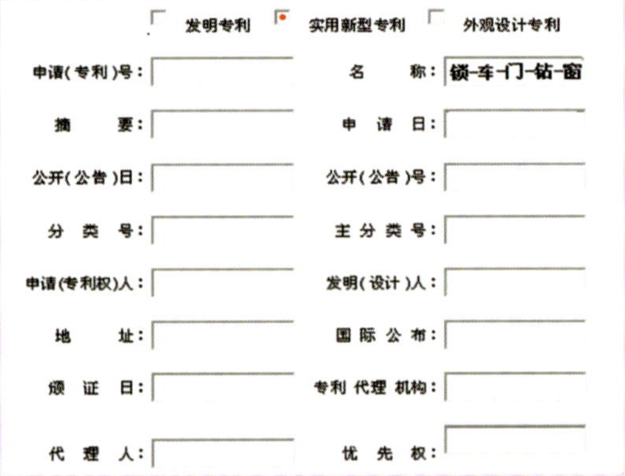
发明专利 实用新型专利 外观设计专利
申请(专利)号： 名 称：锁-车-门-钻-窗
摘 要： 申 请 日：
公开(公告)日： 公开(公告)号：
分 类 号： 主 分 类 号：
申请(专利权)人： 发明(设计)人：
地 址： 国 际 公 布：
颁 证 日： 专利 代理 机构：
代 理 人： 优 先 权：

降至 270 条。你还感觉到多,可以用 and(*)(空格)去缩小,如输入“旋转 * 折叠”

4

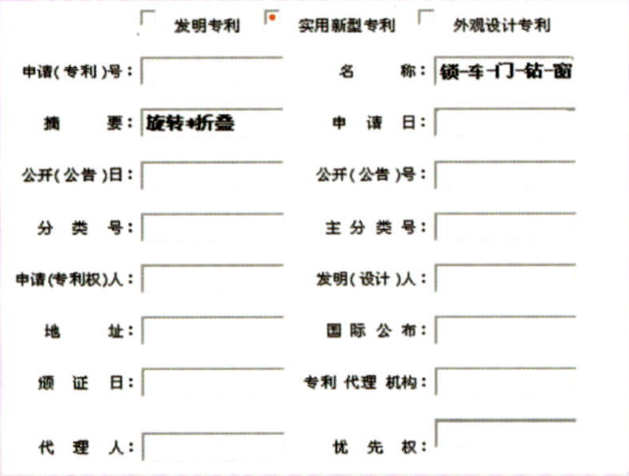
发明专利 实用新型专利 外观设计专利
申请(专利)号： 名 称：锁-车-门-钻-窗
摘 要：旋转*折叠 申 请 日：
公开(公告)日： 公开(公告)号：
分 类 号： 主 分 类 号：
申请(专利权)人： 发明(设计)人：
地 址： 国 际 公 布：
颁 证 日： 专利 代理 机构：
代 理 人： 优 先 权：

1. 多功能拐杖 
2. 隐子五子棋 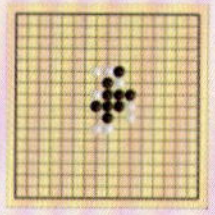
3. 电子显示温度的勺子 

1. 多用
2. 带
3. 两用
4. 手杖
5. 棒
6. 拐杖

隐子五子棋怎样检索?

1. 隐藏棋子　　2. 无子

3. 没有棋子　　4. 不使用棋子

5. 棋　　6. 隐子

逻辑式: 隐藏棋子 and 棋

不使用棋子 and 棋

没有棋子 and 棋

无子 and 棋

电子显示温度的勺子

1. 勺 2. 杓 3. 调羹 4. 匙 5. 温显

逻辑式:

电子 and 显示 and 温度 and 勺

温 and 显 and 勺

温 and 显 and 调羹

温 and 显 and 匙

温 and 显 and 杓

IPC分类检索

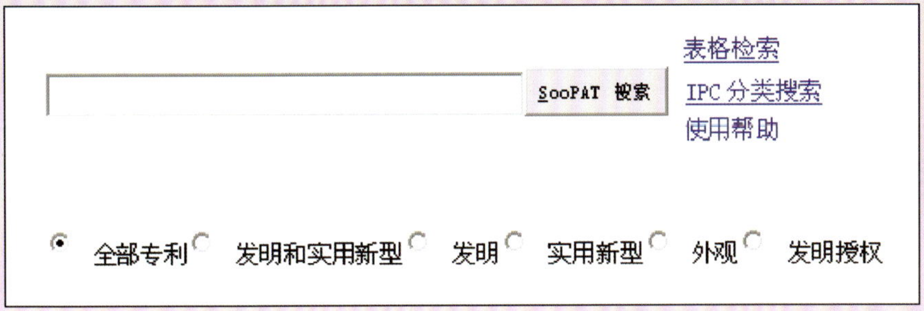

soopat.com
专利搜索引擎

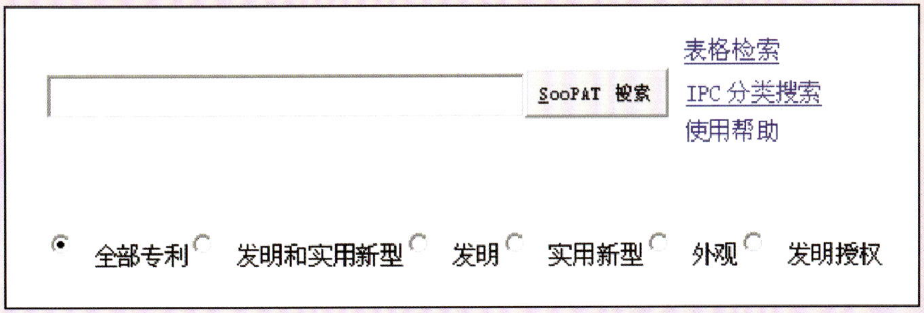

点击搜

国家知识产权局

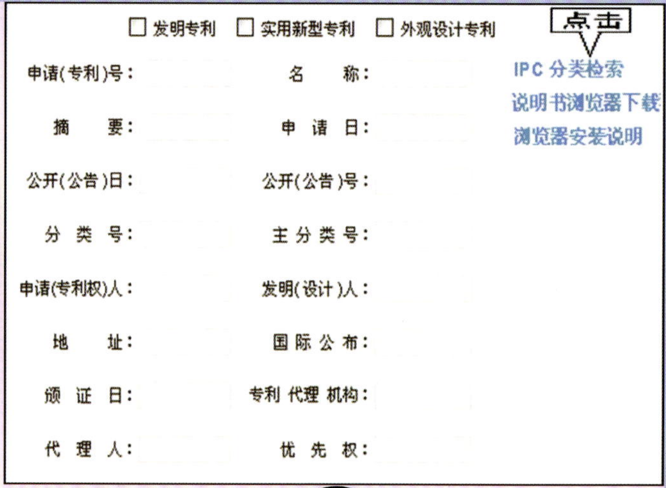
发明专利
实用新型专利
外观设计专利
点击
IPC 分类检索
说明书浏览器下载
浏览器安装说明
申请(专利)号：
名 称：
摘 要：
申 请 日：
公开(公告)日：
公开(公告)号：
分 类 号：
主 分 类 号：
申请(专利权)人：
发明(设计)人：
地 址：
国 际 公 布：
颁 证 日：
专利 代理 机构：
代 理 人：
优 先 权：

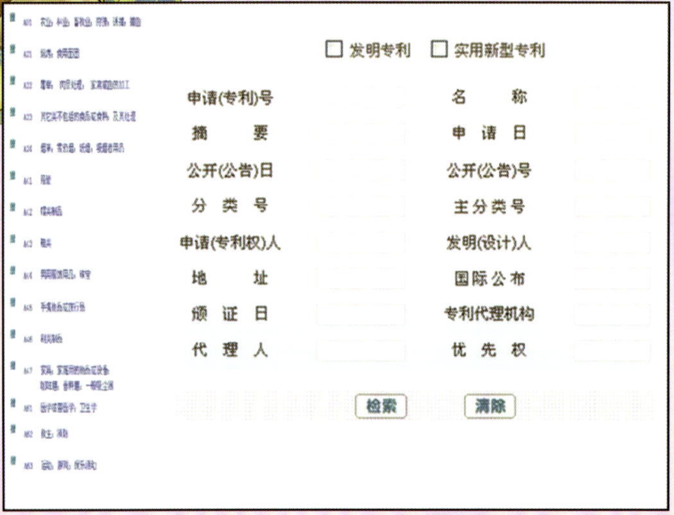
发明专利
实用新型专利
申请(专利)号
名 称
摘 要
申 请 日
公开(公告)日
公开(公告)号
分 类 号
主分类号
申请(专利权)人
发明(设计)人
地 址
国际公布
颁 证 日
专利代理机构
代 理 人
优 先 权
检索
清除

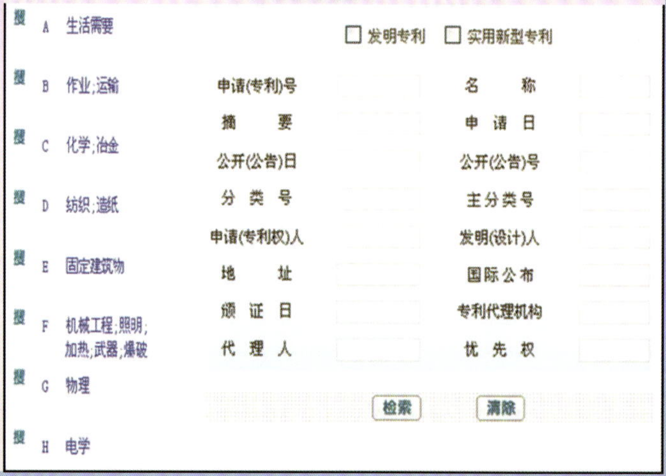
A 生活需要
B 作业;运输
C 化学;冶金
D 纺织;造纸
E 固定建筑物
F 机械工程;照明;加热;武器;爆破
G 物理
H 电学
发明专利
实用新型专利
申请(专利)号
名 称
摘 要
申 请 日
公开(公告)日
公开(公告)号
分 类 号
主分类号
申请(专利权)人
发明(设计)人
地 址
国际公布
颁 证 日
专利代理机构
代 理 人
优 先 权
检索
清除

A、人类生活必需

B、作业、运输

C、化学、冶金

D、纺织、造纸

E、固定建筑

F、机械工程、照明、加热、武器、爆破

G、物理

H、电学

每个大类下还有小类

AOI 农业;林业;畜牧业;狩猎;诱捕;捕鱼

A21 焙烤;制作或处理面团的设备;焙烤用面团

A22 屠宰;肉品处理;家禽或鱼的加工

A23 其他类不包含的食品或食料及其处理

A24 烟草;雪茄烟;纸烟;吸烟者用品

A41 服装

A42 帽类制品

A43 鞋类

A44 服饰缝纫用品;珠宝

A45 手携物品或旅行品

A46 刷类制品

A47 家具;家庭用的物品或设备;咖啡磨;香料磨;一般吸尘器

A61 医学或兽医学;卫生学

A62 救生;消防

A63 运动;游戏;娱乐活动

A99 本部其他类目中不包括的技术主题

AOIB 农业或林业的整地;一般农业机械或农具的部件、零件或附件

AOIC 种植;播种;施肥

AOID 收获;割草

AOIF 脱粒;禾秆、干草或类似物的打捆;将禾秆或干草形成捆或打捆的固定装置或手动工具;干草、禾秆或类似物的切碎;农业或园艺产品的储藏

小类下还分组

一直可查到 00/00 为止

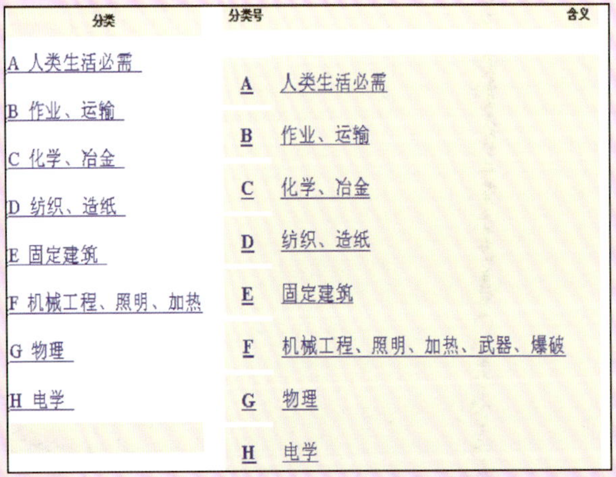

分类	分类号	含义
A 人类生活必需	A	人类生活必需
B 作业、运输	B	作业、运输
C 化学、冶金	C	化学、冶金
D 纺织、造纸	D	纺织、造纸
E 固定建筑	E	固定建筑
F 机械工程、照明、加热	F	机械工程、照明、加热、武器、爆破
G 物理	G	物理
H 电学	H	电学

A63B 体育锻炼、体操、游泳、爬山或击剑用的器械；球类；训练器械

A63C 冰鞋；滑橇；滚轮溜冰鞋；球场、冰场或类似场地的设计或布局

A63D 滚木球游戏滚道；滚木球游戏；意大利草地滚木球游戏；滚木球；台球游戏；弹子游戏

A63F 纸牌、棋盘或轮盘赌游戏；利用小型运动物体所做的室内游戏；其他各种游戏

A63G 旋转木马；秋千；摇木马；滑运道；娱乐用自动铁路；供公共娱乐用的类似装置

A63H 玩具，如陀螺、玩偶、滚铁环、积木

A63J 供戏院、马戏场等使用的装置；变戏法用具或类似用具

A63K 赛马；骑马运动；所用的设备或附件

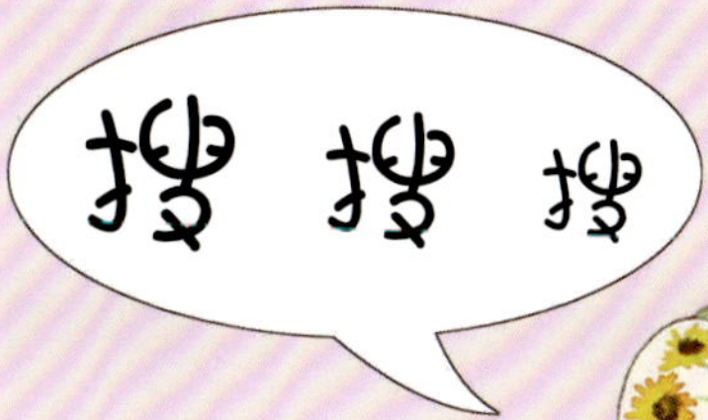

A63B21/005	使用电磁的或电阻力装置〔5〕
A63B21/008	使用水力的或空气的阻力装置〔5〕
A63B21/012	使用摩擦阻力装置〔5〕
A63B21/015	包括转动或摆动元件〔5〕
A63B21/018	包括相对于元件表面运动的绳索〔5〕
A63B21/02	使用弹性阻力装置〔5〕
A63B21/04	附加于固定的基础
A63B21/045	具有扭转元件〔5〕
A63B21/05	线性压缩元件〔5〕
A63B21/055	延展元件类型〔5〕
A63B21/06	被使用者操纵的重物〔5〕
A63B21/062	包括重物垂直系统的导轨

A01C	种植;播种;施肥	
1/00	在播种或种植前测试或处理种子、根茎或类似物的设备或方法	去搜专利
1/02	发芽设备;种子或其类似物发芽能力的测定	去搜专利
1/04	种子放于其载体，如条带、绳索上	去搜专利
1/06	种子的包衣或拌种	去搜专利
1/08	种子免疫	去搜专利
11/00	移栽机械	去搜专利
11/02	用于种苗	去搜专利
11/04	用于植株的深栽或深移	去搜专利
13/00	植株周围固土的机械或设备	去搜专利

分类
A 人类生活必需
B 作业、运输
C 化学、冶金
D 纺织、造纸
E 固定建筑
F 机械工程、照明、加热
G 物理
H 电学

A	人类生活必需
A01	农业;林业;畜牧业;狩猎;诱捕;捕鱼
A21	焙烤;制作或处理面团的设备;焙烤用面团
A22	屠宰; 肉品处理; 家禽或鱼的加工
A23	其他类不包含的食品或食料;及其处理
A24	烟草;雪茄烟;纸烟;吸烟者用品
A41	服装
A42	帽类制品
A43	鞋类

A01C	种植;播种;施肥	去搜专利
A01D	收获;割草	去搜专利
A01F	脱粒;禾秆、干草或类似物的打捆;将禾秆或干草形成捆或打捆的固定装置或手动工具;干草、禾秆或类似物的切碎;农业或园艺产品的储藏	去搜专利
A01G	园艺;蔬菜、花卉、稻、果树、葡萄、啤酒花或海菜的栽培;林业;浇水	去搜专利
A01H	新植物或获得新植物的方法;通过组织培养技术的植物再生	去搜专利
A01J	乳制品的加工	去搜专利
A01K	畜牧业;禽类、鱼类、昆虫的管理;捕鱼;饲养或养殖其他类不包含的动物;动物的新品种	去搜专利
A01L	动物钉蹄铁	去搜专利

1	02292103.6	话筒专用紫外线消毒杀菌仪
2	94235591.1	一次性话筒卫生罩
3	94204973.X	能自动对话筒紫外线消毒灭菌的电话
4	94203572.0	一种电话话筒消毒杀菌器
5	87210693.4	香味消毒话筒罩
6	91215394.6	电声听筒话筒卫生贴片
7	92224849.4	转动消毒话筒
8	91228619.9	电话筒消毒装置
9	92235395.6	用于电话机话筒的灭菌装置
10	93210128.3	一次性使用话筒卫生罩
11	93224528.5	话筒消毒器
12	93220674.3	话筒消毒网
13	93224954.X	话筒消毒罩
14	93244592.6	卡拉O K 话筒消毒座
15	93224540.4	全自动话筒消毒电话机
16	93234202.7	一种麦克风话筒消毒灭菌装置
17	95216455.8	话筒快速消毒装置
18	95225851.X	电话机送话筒消毒器
19	96239573.0	话筒高效消毒保护器
20	95227562.7	话筒消毒箱

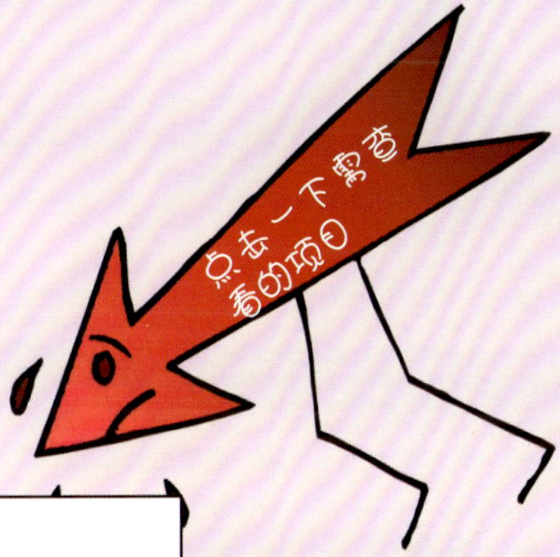

• 实用新型说明书（4）页

申 请 号：	200420058070.4	申 请 日：	2004.12.31
名 称：	可显示食物温度的勺子		
公开(公告)号：	CN2761071	公开(公告)日：	2006.03.01
主 分 类 号：	A47G21/04(2006.01)I	分案原申请号：	
分 类 号：	A47G21/04(2006.01)I		
颁 证 日：		优 先 权：	
申请(专利权)人：	沈 阳;边 东		
地 址：	430016 湖北省武汉市江岸区球场路 64 号武汉市第六中学高中部		
发明(设计)人：	沈 阳;边 东	国 际 申 请：	

[19] 中华人民共和国国家知识产权局

[51] Int. Cl.
A47C 21/04 (2006.01)

[12] 实用新型专利说明书

专利号 ZL 200420058070.4

[45] 授权公告日 2006 年 3 月 1 日

[11] 授权公告号 CN 2761071Y

[22] 申请日 2004.12.31

[21] 申请号 200420058070.4

[73] 专利权人 沈 阳

地址 430016 湖北省武汉市江岸区球场路 64 号武汉市第六中学高中部

共同专利权人 边 东

[72] 设计人 沈 阳 边 东

[74] 专利代理机构 武汉开元专利代理有限责任公司

代理人 刘志菊

权利要求书 1 页 说明书 1 页 附图 1 页

[54] 实用新型名称

可显示食物温度的勺子

[57] 摘要

本实用新型提供一种可显示食物温度的勺子，包括勺体、勺柄，其特征在于：在勺柄上面镶嵌一金属温度计，在勺体底部至勺柄有一段空腔，该空腔与勺柄中空腔相通，测温元件置于空腔内，测温元件一端伸到勺体底部，另一端与金属温度计主体连接。该勺可显示流质食物的温度，方便、安全，不会烫伤婴儿。这种显温勺不仅能起来生活工具的作用，还能显示出流质食物的温度，避免匆忙食用导致烫伤。

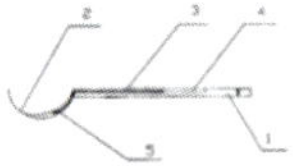

200420058070.4 **权 利 要 求 书** 第1/1页

1. 一种可显示食物温度的勺子，包括勺体、勺柄，其特征在于：在勺柄上面镶嵌一金属温度计，在勺体底部至勺柄有一段空腔，该空腔与勺柄中空腔相通，金属温度计的测温元件置于空腔内，测温元件一端伸到勺体底部，另一端通过勺柄中空腔与金属温度计主体连接。

200420058070.4 **说 明 书 附 图** 第1/1页

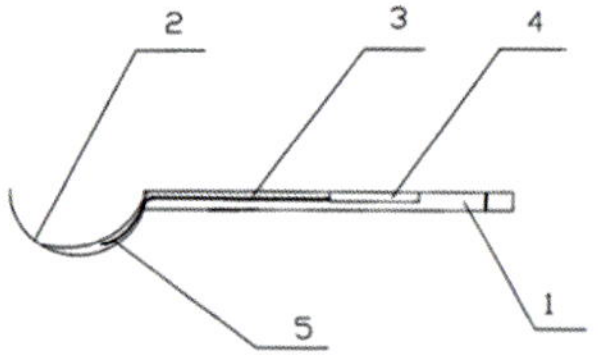

图 1

4

200420058070.4 **说 明 书** 第1/1页

可显示食物温度的勺子

技术领域

本实用新型涉及一种可显示食物温度的勺子，属于餐具类日常生活用品。

背景技术

目前，市面上流行的勺子，只能作为普通工具，无法知道所盛食物的温度，常有不知道食物温度的情况下，吞食食物造成烫伤的，尤其是喂婴儿时，食物的温度太高会烫伤婴儿。为此，经常看到大人在喂婴儿时，自己用嘴试，这样既不卫生，也不方便。

发明内容

本实用新型的目的是设计一种可显示食物温度的勺子，避免在不知道食物温度的情况下，吞食食物造成的烫伤。

本实用新型的技术方案：可显示食物温度的勺子包括勺体、勺柄，其特征在于：在勺柄上面镶嵌一金属温度计，在勺体底部至勺柄有一段空腔，该空腔与勺柄中空腔相通，金属温度计的测温元件置于空腔内，测温元件一端伸到勺体底部，另一端通过勺柄中空腔与金属温度计主体连接。

本实用新型的优点：由一普通勺子和一金属温度计构成，该勺可显示流质食物的温度，方便、安全，不会烫伤婴儿。这种显温勺不仅能起来生活工具的作用，还能显示出流质食物的温度，避免匆忙食用导致烫伤。

附图说明

图 1 是本实用新型的结构示意图。

图中：勺体 2、勺柄 1、金属温度计的测温元件 3、金属温度计 4、勺柄中的一段空腔 5。

具体实施方式

如图 1：可显示食物温度的勺子包括勺体 2、勺柄 1，在勺柄上面镶嵌一金属温度计 4，在勺体 2 底部至勺柄有一段空腔 5，该空腔与勺柄中空腔相通，金属温度计的测温元件 3 置于空腔内，将温度计的测温元件 3 一端伸到勺体底部，测温元件 3 的另一端通过勺柄中空腔与金属温度计主体连接。金属温度计 4 镶嵌在勺柄上面，可直接显示出食物的温度。

3

[实用新型] 温度显示勺刀 - 88213101.X

无权

申请人：河南省新乡激光全息研究所新技术开发部 - 申请日：1988-09-13 - 主分类号：A47G21/04

摘要：温度显示勺属于日常生活用品，现有的勺刀只能作为一种餐具使用，如果品尝…过嘴把病菌带给他人，本实用新型在勺刀把上注上测温计，使用者就能够结…

[实用新型] 温度显示勺叉 - 88213098.6

申请人：河南新乡激光全息研究所新技术开发部 - 申请日：1988-09-13 - 主分类号：A47G21/02

摘要：温度显示勺叉属于日常生活用品，现有的勺叉只能作为一种餐具使用，如果想知…道汤、食的温度只能用嘴尝试，既不卫生又容易把病…

[实用新型] 带有温度显示的吃饭勺 - 200520000534.0

有权

申请人：孙基理 - 申请日：2005-01-11 - 主分类号：A47G21/04 (2006.01)I

摘要：本实用新型涉及的带有温度显示的吃饭勺，它包括有勺体和勺柄，勺体和勺柄连为一体，它还包括酒精温度计，所述酒精温度计为透明材料制成，酒精温度计的测量端镶嵌在靠近勺柄的凹形勺体内面的勺体内，酒精温度计的显示端则镶嵌在沿其勺体与勺柄的上表面内；由于…案，通过视觉可直接看到放在勺中食物的温度，避免了因温度过高而造成对进食者的损伤，同时避…

[实用新型] 带温度计的汤勺 - 200820090409

申请人：高春海 - 申请日：2008-07-09 - 主分类号：A47G21/04 (2006.01)I

摘要：带温度计的汤勺，目前人们生活中使用的勺子都只是单纯的作为舀取东西的器具…，无法感知其中物品的温度。带温度计的汤勺，其组成包括：勺体(1)，所述的勺体的上有温度计(2)。本

[实用新型] 温度保健勺 - 94221254.1

申请人：崔明义 - 申请日：1994-09-12 - 主分类号：A47G21/04

摘要：本实用新型提供了一种温度保健勺的就餐用勺，它由温度计和勺体组合而成。这种勺的特点是温度计装入勺体内，与勺体固为一体。勺体的构造可使温度计不直接与器皿接触。$当温度计与勺体固定后，温度计底部与饭、菜、汤接触，在勺把的正面上温度计内的酒精液体移动，可从温度计刻划上判读饭、菜、汤的温度。…

[实用新型] 温度显示勺 - 88213971.1

申请人：新乡激光全息研究所 - 申请日：1988-09-08 - 主分类号：A47G21/04

摘要：一种温度显示勺，不但具有普通勺子的作用，而且还可以通过测温计显…示汤、食的温度，使用餐者能够结合自己的口温来正…

[实用新型] 带温度计的小勺 - 90204691.8

申请人：秦玉亮 - 申请日：1990-04-11 - 主分类号：A47G21/04

摘要：本实用新型涉及一种带温度计的小勺，基本由勺体和勺把相联而构成，其特征在于：在勺体与勺把联处至勺把端部之间装有一温度计。用于给婴儿喂饭。…

[实用新型] 可以测温度的舀勺 - 200820062628

申请人：邓小霞 - 申请日：2008-03-24 - 主分类号：A47J43/28 (2006.01)I

摘要：可以测温度的舀勺，属舀勺制造领域，它能有效的避免用户在使用舀勺的过程当中不能通过舀勺方便、准确的观察出菜油及其它液体确切温度的缺点。本实用新型可以测温度的舀勺由舀勺口(1)和舀勺柄(2)组合而成，舀勺柄(2)内置入有温度计(3)，舀勺柄(2…中的时候，用户就能够通过安装在舀勺柄上的温度计方便、准确的观察出液体的温度了。主要用于用户在使用舀勺的时候方便观察温度。…

可以测温度的舀勺

有权

申请号：200820062628 申请日：2008-03-24

摘　要	可以测温度的舀勺，属舀勺制造领域，它能有效的避免用户在使用舀勺的过程当中不能通过舀勺方便、准确的观察出菜油及其它液体确切温度的缺点。本实用新型可以测温度的舀勺由舀勺口(1)和舀勺柄(2)组合而成，舀勺柄(2)内置入有温度计(3)，舀勺柄(2)将温度计(3)完全密封在里面。当舀勺放入菜油或液体内并且温度计(3)小的一端淹没在油或液体当中的时候，用户就能够通过安装在舀勺柄上的温度计方便、准确的观察出液体的温度了。主要用于用户在使用舀勺的时候方便观察温度。
申请人	邓小霞
地址	610041 四川省成都市高新区桂溪乡双土村1组
发明(设计)人	邓小霞
主分类号	A47J43/28(2006.01)I
分类号	A47J43/28(2006.01)I

阅读专利全文

可以一步到位，不需点击"下一页"，并可打包下载或逐一打印

看一下使用帮助

入门篇

SooPAT 查询简洁方便，仅需输入查询内容并敲一下回车键（Enter），或单击“搜索”按钮即可得到相关资料。

SooPAT 尽量让最相关的专利文献出现在最前面，方便您更容易找到最重要、最相关的内容。

搜索窍门

多个关键词之间用空格隔开，可获得更多搜索结果。如 “飞机 轮胎”比 “飞机轮胎”搜索结果多。

特别注意

通过申请（专利）号、公开（公告）号查询时，直接输入号码，前面不用加 ZL 或 CN 。

忽略词

SooPAT 会忽略“的”、“地”、“得”等字词，这类字词不仅无助于缩小查询范围，而且会大大降低搜索速度。这些词和字符称为忽略词。

分词

在一些情况下，SooPAT 会对查询词进行适当拆分，以防止漏检，比如输入 航空航天动力 ，会自动转换成 航空 AND 航天 AND 动力 来搜索。

如不需要 SooPAT 进行这种自动拆分，只需在查询词上加英文单引号''，比如输入 '航空航天动力'，就不会再拆分开了。

高级篇

SooPAT 的搜索框支持各字段间组成复杂的逻辑检索式进行精确搜索，如果您是专利信息检索专家或是想更精确的查询专利，可了解以下内容。

字段限定

如果需要将查询词限定在某一字段内，可在这个查询词前加上以下的字段限定符，注意，字段后用英文冒号:

SQH:申请号	ZY:摘要	FMR:发明人	GKH:公开号	DLR:代理人
SQRQ:申请日期	SQR:申请人	FLH:分类号	GKRQ:公开日期	LeiXing:专利类型
MC:专利名称	DZ:地址	ZFLH:主分类号	ZLDLJG:专利代理机构	

举例:

ZY:苹果 表示查询摘要里包括“苹果”这个词的专利。

MC:塑料 AND FLH:C08F* 表示查询专利名称包含“塑料”，且分类号为“C08F”的专利。

MC:塑料 AND FMR:许 表示查询专利名称包含“塑料”，且发明人包含“许”的专利。

缺省符"*"

申请号、公开日期、公开号、分类号、主分类号、申请日期这六个字段中查询时，可使用缺省符"*"进行模糊搜索。举例： GKRQ:(200601) 表示查询公开日期在“2006 年 1 月”的所有专利。

FLH:(A61B) 表示查询“A61B”分类号小类下的所有专利。

时间范围查询

申请日、公开日可支持时间范围查询 [开始值 TO 结束值]。

举例:

SQRQ:[2005 TO 2006] 表示查询申请日期在 2005 年与 2006 年之间的所有专利。

复杂逻辑运算

SooPAT 支持 AND、OR、NOT以及()的逻辑运算，以空格间隔默认为 AND 关系。

举例:

MC:塑料 AND FMR:许 表示查询专利名称包含“塑料”，且发明人包含“许”的专利。

MC:塑料 FMR:许 表示与上述查询结果一致。

MC:塑料 杯子 表示查询专利名称包含“塑料”，且所有查询域中包含“杯子”的专利。

MC:塑料 AND (FMR:许 OR FMR:刘) 表示搜索名称中包含“塑料”，且发明人中包含“许”或“刘”的专利。

五、专利检索技巧

本章介绍了逻辑检索中常用的“可”字法、“无”字法、“防”字法等。

"名称"输入尽量避免常见物品的名词:

粉笔、黑板擦、扫帚、尺、伞、椅子……

建议使用

折叠、旋转、收缩、壁挂、

内藏、袖珍、推拉、落地、

感应、遥控、吸盘、翻盖、

固定、拼插、魔方、滚动、

节能、升降、数字、机械、

定向、远程、便携、即用、

放射、反射、万向

名称: **壁挂**

实用新型专利 (1044)条

02230243.3 家庭洗浴自我搓擦后背的壁挂垫

02269685.7 壁挂式垃圾袋支撑架

94215900.4 具有隐藏冲水感应器的壁挂式马桶

89200035.X 家用壁挂形定量输出式储粮器

名称：报亭

92214861.9　广告阅报亭
94219249.4　多用途广告阅报亭
03234028.1　多功能书报亭
200420118409.5　小型开放式书报亭
200620103478.8　模块化书报亭

名称：人行道

03202591.2	一种可引水人行道砖
97216733.1	一种人行道地面砖
96211487.1	一种人行道栅栏底座
99246649.0	人行道信号控制器
200720072673.3	全自动人行道口警戒绳

名称：婚礼

95231151.8	婚礼用汽车装饰罩
96243049.8	婚礼彩车装饰装置
200420117869.6	婚礼用车布置装置
200720098617.7	婚礼车装饰物的吸附座

名称:节能

实用新型专利 (16719)条

02216148.1

遮阳节能防滴帘

02201957.X

节能便利油箱

名称:节能

申请日:2005 to 2007

实用新型专利 (5008)条

200720011531.6 节能洗漱架

200720150509.X 一种节能充电器

200720051268.3 节能型 ATX 电脑电源

200720143384.8 电脑电源供应器节能装置

200620043214.8 一种高效节能的电子夜光路名牌

200720140734.5 一种节能型导热油炒糁锅

可量、可称、可测、可灭、可洗、

可降、可加、可吹、可喷、可转、

可携、可看、可听、可变、可插、

可调、可控、可拉、可刷、可逆、

可移、可收、可拔、可装、可换、

可拆……

无线、无烟、无土、

无毒、无臭、无水、

无声、无尘、无框

可更换鞋面的鞋体结构

可方便拆卸锅盖的电饭锅

可调式套筒扳手

可组合叠装硬盘盒

可调节万能转换开关

可转动 USB 插头的读卡器

可开挂锁的机械手

上下都可以出水的水龙头

可改变大小的足球门

可更换鞋帮的鞋

可更换刀刃的刀 

可调喷头 

可变号码的挂锁 

可视听诊器 

可以容纳其他装置的螺栓 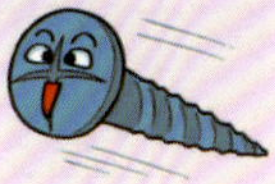

可方便移动的花盆 

可拆卸的木工钻头 

可调整角度的自行车立管 

可拆卸镜臂的眼镜 

可弯曲的管道 

可安装于乐器盒上的乐器辅助装置 

防雨、防水、防窥、防火、

防臭、防盗、防晒、防锈、

防伪、防拆、防腐、防撞、

防裂、防雾、防冻、防霉、

防摔、防断、防爆、防烟、

防雷、防震、防风

“免”组成的词也是好方法
免洗、免拆、
免贴、免提、
免穿、免钉、
免调、免刷、
免烧、免换、
免油、免检、
免修、免钉、
免削、免吸、
免冲、免水、
免烫、免切、
免写、免电、
免线、免浇、免拉
免

拉、排、转、开、
包、清、洗、拆、
装、制、吸、插、
切、割、换、擦、
接、控、撕、修、
揭、收、学、用、
旋、冲、缩、系、
变、倒、调、卸、
带、剥、拔、沾、
燃、焊、卷、埋、
拼、吹、压、取

水、电、气、煤、油

环保

各种场所

室内、卫生间、厨房、客厅、卧室、楼道、高速公路、人行道、商场、候车室、机场、码头、候车亭、超市、医院、电梯、学校、实验室、操场、教室、图书馆、宾馆、咖啡、电影院、岗亭、报亭、殡仪馆、墓地、婚礼大厅、幼儿园、大排档

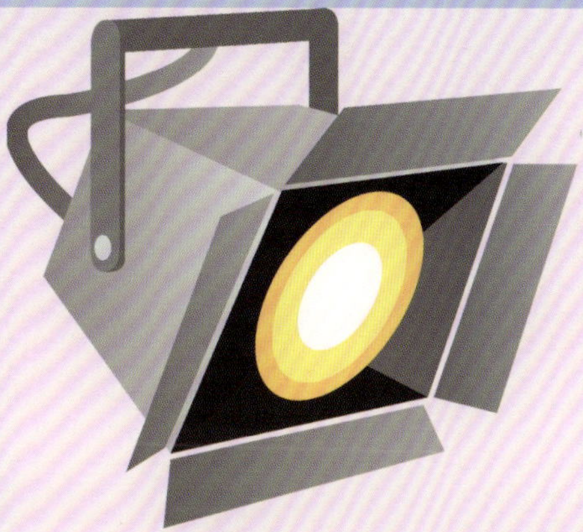

名称: 岗亭

实用新型专利 (25)条

90214724.2　可移动密闭式交通指挥岗亭

90219644.8　岗亭取暖电热板

95240218.1　风幕空调交通指挥岗亭

96222928.8　可拆式温控岗亭

97213147.7　便携式折叠岗亭

97232933.1　多功能交通指挥岗亭

97233748.2　交通指挥岗亭

97225548.6　迷宫气幕式空调交通岗亭

97227736.6　一种岗亭广告装置

97216794.3	封闭式空调交通岗亭
98238299.5	空 调 式 交 通 指 挥 岗 亭 和 门 卫 岗 亭
98230404.8	指挥交通用空调岗亭
00230317.5	一种冷热气幕式交通指挥岗亭
200720079623.8	带旋转挡风罩的岗亭
200720013809.3	一种站岗岗亭
03230715.2	移动式太阳能空调岗亭
200420077484.1	一种值勤岗亭
200420115889.X	智能岗亭系统
03235587.4	移动式多功能站岗亭
200620054380.8	一种新型岗亭

汽修专业电子线路实验箱 

利用 USB 接口的驱蚊器 

带秒表的算盘 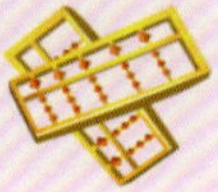

用于饮水机的实用新型装置 

付费淋浴装置 

路过收费处的发电装置 

磁性相斥的按钮开关 

你用这种办法去检索，能达到正确、快速的目的。

1. 减　　2. 切

3. 加　　4. 换

● 带秒表的算盘

1. 减：去掉"带"、"的"

2. 切：将"秒表算盘"用空格分开，"秒表 算盘"

3. 换：将"秒表"换成"计时"

● 利用 USB 接口的驱蚊器

1. 减：去掉"利用"、"接口"、"的"、"器"

2. 切：将"USB 驱蚊"分开，"USB 驱蚊"

● 路过收费处的发电装置

1. 减：去掉"路过收费处的"

2. 加："减速带"，"减速带发电装置"

3. 切："减速带 发电装置"

4. 换：也可换成"车 震动 发电"

1. 去掉非关键性的字或词

2. 关键性的词，能简则简

3. 注意同义词、外来词、简义词

4. 认真分析省略词的含义：

带、多功能、多用、新型、新颖、绿色、安全尽量不要输入名词，如果用建议的词输入，就会出现你从未想到的产品。如在“名称”栏中输入“折叠”，虽然有11592项，你仍可用连减的办法，去掉常见的东西，剩下的就是少见的东西.

□ 发明专利　■ 实用新型专利　□ 外观设计专利

申请(专利)号：		名　称：	-尺-桌-椅-门-屏-铰链-窗-架-床-帘-伞-蓬-台-罩-车
摘　要：	折叠	申请日：	
公开(公告)日：		公开(公告)号：	
分类号：		主分类号：	
申请(专利权)人：		发明(设计)人：	
地　址：		国际公布：	
颁证日：		专利代理机构：	
代理人：		优先权：	

1. 使用的词是否有外来名词?

的士、巴士、马达……

2. 使用的词是否有别名?

排气扇–排风扇、耳杓–耳掏–清洁棒–耳把–掏耳器、电脑–计算机、

……

3. 使用的词是否有简称?

笔记本电脑–笔电、节约能源–节能–节电、电动机–电机、电风扇–风扇–电扇?

4. 使用的词是否有同义词?

绿色–无污染–环保、保健–健康–长寿、拧干–绞干

确定了项目，在未设计与制作前进行检索时应注意哪些?

六、专利改进技法

本章以分析专利权利要求书的特征作为切入口，讲解了专利改进的基本方法。

对**专利**进行**改进**前，先去国家知识产权网查一下该专利的法律状态。

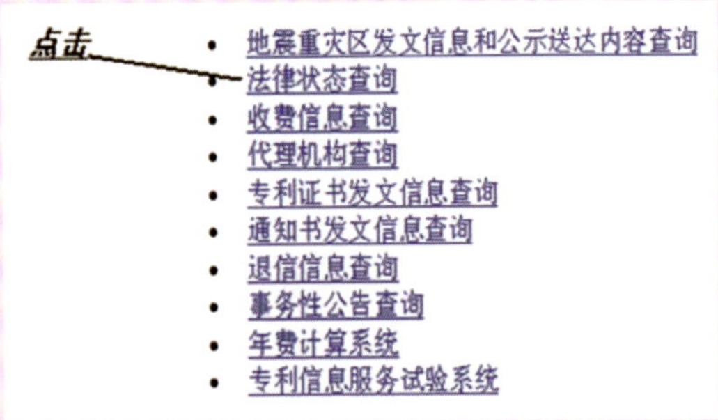

输入专利号

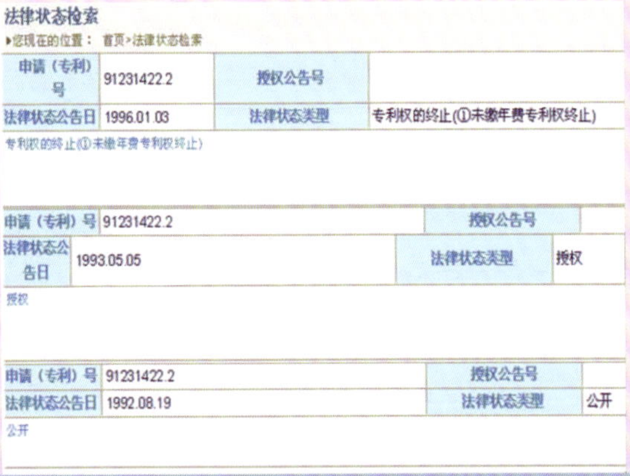
法律状态检索

▸您现在的位置：首页>法律状态检索

申请（专利）号	91231422.2	授权公告号	
法律状态公告日	1996.01.03	法律状态类型	专利权的终止(①未缴年费专利权终止)

专利权的终止(①未缴年费专利权终止)

申请（专利）号	91231422.2	授权公告号	
法律状态公告日	1993.05.05	法律状态类型	授权

授权

申请（专利）号	91231422.2	授权公告号	
法律状态公告日	1992.08.19	法律状态类型	公开

公开

什么是权利要求书呢？
1. 一种……由……组成，其特征在于：……
2. 按权利要求1所述的……，其特征在于：……

200420058070.4

权利要求书

第 1/1 页

1. 一种可显示食物温度的勺子:包括勺体、勺柄,其特征在于:在勺柄上面镶嵌一金属温度计,在勺体底部至勺柄有一段空腔,该空腔与勺柄中空腔相通,金属温度计的测温元件置于空腔内,测温元件一端伸到勺体底部,另一端通过勺柄中空腔与金属温度计主体连接。

温度计(A)

空腔(B)

测温元件(C)

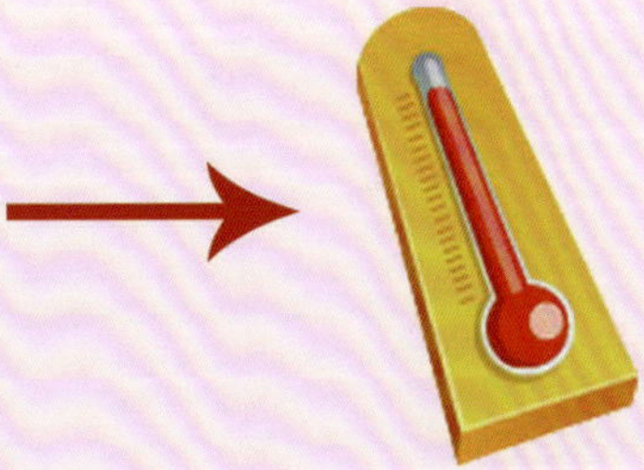

权利要求书

1. 一种岗亭取暖电热板，其特征是：在衬纸上均匀布置电热线，在电热线的两端引出电源插头，在电热线上面和衬纸下面，分别贴上两张绝缘材料，在上面的绝缘材料上贴装饰材料，在最下面铺金属板，金属板四周卷边，将绝缘材料等的四周卷入。

2. 根据权利要求 1 所述的岗亭取暖电热板，其特征是：金属板是镀锌板。

3. 根据权利要求 1 或 2 所述的岗亭取暖电热板，其特征是：衬纸是旧报纸。

4. 根据权利要求 1 或 2 或 3 所述的岗亭取暖电热板，其特征是：绝缘材料为绝缘纸。

5. 根据权利要求从 1 或 2 或 3 或 4 所述的岗亭取暖电热板，其特征是：装饰材料为装饰纸。

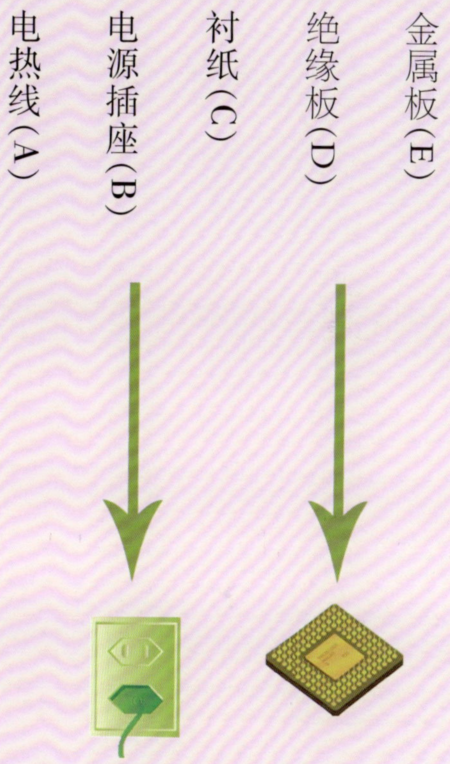

02230243.3　　　　**权利要求书**　　　　第 1/1 页

1. 一种家庭洗浴自我搓擦后背的壁挂垫,该壁挂垫是在硬塑料底板上连接软塑料的或橡胶的薄板所构成,其特征在于:底板为中间向外凸起呈圆弧状的矩形板, 薄板表面布满了圆锥型或半球型、或三角形、鱼鳞型的颗粒,底板的后面设有与墙壁连接的连接孔。

底板(A)

矩形板(B)

颗粒(C)

连接孔(D)

权利要求书

权利要求书

1. 一种导湿保暖复合绒，其特征在于：它包括五层，第一层为针织或机织布料，第二层为毛绒，第三层为合成薄膜，第四层为毛绒，第五层为针织或机织布料。

2. 如权利要求1所述的导湿保暖复合绒，其特征在于：所述的毛绒层是将毛绒双面或单面针刺植绒在厚度0.4~1.2丝的合成薄膜层上。

3. 如权利要求1所述的导湿保暖复合绒，其特征在于：所述的合成薄膜为0.4–1.2丝厚的高压聚乙烯。

4. 如权利要求1所述的导湿保暖复合绒，其特征在于：所述的毛绒层为人造纤维、合成纤维。

5. 如权利要求1所述的导湿保暖复合绒，其特征在于：所述的针织或机织布料为人造纤维、合成纤维及天然纤维。

权利要求书

1. 一种利用中药来戒烟的戒烟贴，由条形胶布、药芯和保护膜组成，药芯位于条形胶布的中间位置，药芯和胶布上设有保护膜，其特征在于药芯由活血、祛寒中药和渗透药、调合剂构成，中药成分的重量百分比为：丁香5~30，乳香5~30，没药3~15，血竭3~15，冰片3~15，其余为凡士林。

2. 按照权利要求1所述的戒烟贴，其特征在于药芯中加入吴萸、附子和干姜，组成成分的重量百分比为，丁香5~20，乳香5~20，没药3~10，血竭3~10，冰片3~10，吴萸10~30，附子10~30，干姜3~10，其余为凡士林。

3. 按照权利要求1或2所述的戒烟贴的制作方法，其特征在于先将丁香、乳香、没药、血竭、冰片等混合并粉碎至粉末状，加入凡士林搅拌，通过挤出机挤成条状体；再切成块状体而制成药芯，将药芯置于条形胶布的中间位置，再在药芯和条形胶布上敷上保护膜而制成戒烟贴。

权利要求书

1. 一种戒烟穴贴膏，其特征是由下列成分组成（按重量百分比计）：

丁香　20

肉桂　20

槟榔　30

鱼石脂膏　30

2. 一种戒烟穴贴膏的制作工艺，其特征如下：先把丁香、肉桂、槟榔干燥碾成粉末状，再把鱼石脂放在器皿中加热至60℃并保持恒温不变，然后把碾成粉末状的丁香、肉桂、槟榔放入加热至60℃的鱼石脂膏中搅拌至均匀。

利用 USB 及 U
盘组合的产品也很多

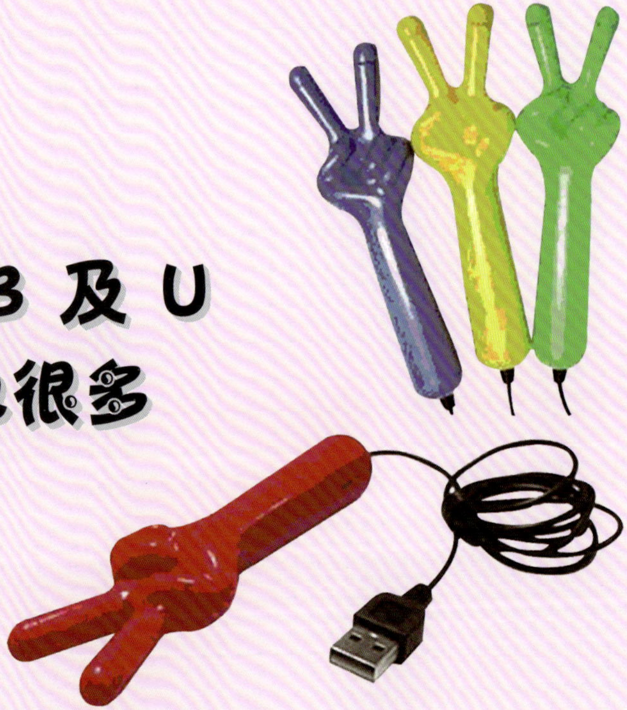

擦地拖鞋超市都有售

很少见的也要查一查

平时注意报纸、杂志的产品信息与电视报导

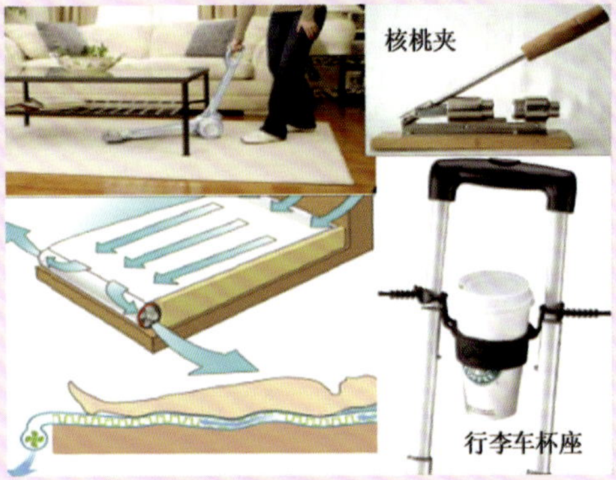

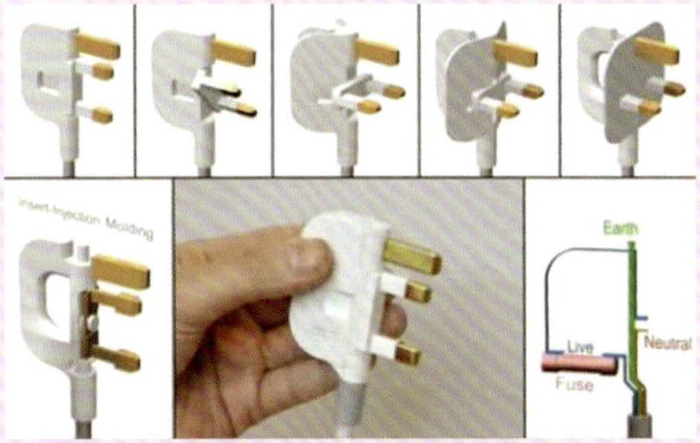

Soopat检索中的问题

- 1. 为什么点击了阅读专利全文而看不到全文?

  你没有安装 tiff 格式文件的插件，可以到国家知识产权局 网或 http://www.alternatiff.com 去下载。

- 2. 为什么无法下载专利 ?

  同样的原因，要下载插件。

改进成功与否的标准是什么？

权利要求	改进后	成功与否
A,B,C	A,B,C	否
A,B,C,D	A,B,C	成功
A,B,C	A,B,C,D	否
A,B,C,D	a,b,c,d	否
$A \cong a$		否
$A \neq a$		成功

经检索，如未发现相同专利，再去淘宝等购物网站查看一下有无相同产品。

图书在版编目(CIP)数据

专利检索与专利改进/《专利检索与专利改进》编写组编. —苏州：苏州大学出版社，2009.8(2012.6重印)
ISBN 978-7-81137-350-9

Ⅰ.专… Ⅱ.专… Ⅲ.专利－情报检索－高等学校：技术学校－教材 Ⅳ.G252.7

中国版本图书馆 CIP 数据核字(2009)第 147094 号

专利检索与专利改进
《专利检索与专利改进》编写组 编
责任编辑 朱坤泉 陈兴昌

苏州大学出版社出版发行
(地址：苏州市干将东路 200 号 邮编：215021)
苏州印刷总厂有限公司印装
(地址：苏州工业园区通园路236号 邮编：215006)

开本 787 mm×960 mm 1/16 印张 6.75 字数 128 千
2009 年 8 月第 1 版 2012 年 6 月第 2 次印刷
ISBN 978-7-81137-350-9 定价：22.00 元